Ulli Schubert

Feuerwehrmann für einen Tag

Mit Bildern von Julia Ginsbach

*Der Umwelt zuliebe ist dieses Buch
auf chlorfrei gebleichtem Papier gedruckt.*

ISBN 978-3-7855-4666-6
1. Auflage 2007
© 2007 Loewe Verlag GmbH, Bindlach
Umschlagillustration: Julia Ginsbach
Reihenlogo: Angelika Stubner
Printed in Germany (017)

www.loewe-verlag.de

Inhalt

Dicke Luft! 9

Schreck am Morgen 22

Feuerwehrmann Paul 29

Voll im Einsatz 40

Alarm in der Goetheallee! . . . 53

Dicke Luft!

Paul ist sauer!
Seit Wochen verspricht Papa,
ihm dabei zu helfen,
das neue Flugzeugmodell
zusammenzubauen.
Doch der Kasten
liegt immer noch unberührt
auf Pauls Schreibtisch.
Papa hat auch versprochen,
mit ihm Fußball zu spielen,
ins Eisenbahnmuseum
und ins Schwimmbad zu gehen
und im Park den Lenkdrachen
steigen zu lassen.

Wenn Paul aufschreiben würde,
was Papa schon alles
mit ihm machen wollte,
wäre längst
ein ganzes Schulheft voll!
Aber leider wird nie was
aus den schönen Plänen!
Pauls Papa
ist nämlich Feuerwehrmann
und hat nicht viel Zeit
für seine Familie.

Weil er immer arbeiten muss.
Morgens, nachmittags, abends.
Manchmal sogar am
Wochenende!
„Was soll ich denn machen?",
sagt Papa immer,
wenn Paul oder Mama
sich darüber beschweren.

„Es gibt nun mal kein Gesetz,
nach dem es nur
von Montag bis Freitag
zwischen neun Uhr morgens
und fünf Uhr nachmittags
brennen darf!"
Paul kann über diesen Spruch
schon lange nicht mehr lachen.
Heute schon gar nicht!

Denn als Papa endlich
von der Arbeit kommt,
ist es schon so spät,
dass Paul bald ins Bett muss.
Also wird es wieder nichts
mit dem Flugzeugmodell!
Paul knurrt böse und macht
ein enttäuschtes Gesicht.
„Was ist denn mit dir los?",
fragt Papa, als er sich
an den Abendbrottisch setzt.

„Ich hab mich so
auf heute Abend gefreut",
sagt Paul.
„Ich auch",
behauptet Papa.
„Wer's glaubt",
murmelt Paul.
„He, das ist gemein!",
sagt Papa.
Er nimmt sich ein Brot
mit Leberwurst,
aber er isst es nicht.

„Im Hafen
ist ein Boot gekentert",
erzählt er stattdessen.
„Wir mussten das Öl abpumpen."
Paul versteht.
Wenn das Öl ausgelaufen wäre,
hätte es eine schreckliche
Umweltkatastrophe gegeben.
Gut, dass sein Papa
das verhindern konnte.

Meistens ist Paul
richtig stolz auf ihn.
Aber heute überwiegt
die Enttäuschung.
„Ich habe auf dich gewartet",
sagt Paul.
„Hättest du nicht wenigstens
anrufen können?"
„Mitten im Einsatz?",
fragt Papa.

„Wie stellst du dir das vor?"
„Ich hätte bestimmt angerufen",
sagt Paul überzeugt.
„Du hast doch keine Ahnung!"
Papa winkt ab und beißt
nun doch in sein Leberwurstbrot.
„Wenn ich Papa wäre,
würde ich mein Kind jeden Tag
von der Arbeit aus anrufen!",
behauptet Paul.

„Du weißt doch gar nicht,
was es heißt,
hart zu arbeiten!",
schimpft Papa mit vollem Mund.
Ein paar Leberwurstbrotkrümel
fliegen wie Mini-Raketen
durch die Küche.
Paul versteckt sich
hinter der Milchtüte.
„Natürlich weiß ich das!",
ruft er aus der Deckung.

„Ich muss schließlich
jeden Tag zur Schule."
„Pah – Schule!",
sagt Papa verächtlich.
„Das soll Arbeit sein?"
„Rechnen, Deutsch, Englisch",
fängt Paul an aufzuzählen.
„Kinderkram!",
meint Papa.

„Joachim! Paul!",
ruft Mama energisch.
„Hört sofort auf zu streiten!"
Doch Paul denkt gar nicht daran.
Und Papa auch nicht.
Sie streiten immer heftiger,
bis Paul schließlich brüllt:
„Wenn du alles besser weißt,
dann geh du doch morgen
für mich in die Schule!"
„Mach ich auch!",
entgegnet Papa.

„Dafür musst du aber für mich
als Feuerwehrmann arbeiten!"
„Kein Problem!", knurrt Paul.
„Abgemacht!", sagt Papa
und streckt seine Hand aus.
Paul schlägt ein.
„Na, das kann ja heiter werden",
seufzt Mama.

Schreck am Morgen

Am nächsten Morgen
wird Paul von Mama geweckt.
Viel früher als sonst.
Draußen ist es
noch nicht einmal hell.
„Was ist denn los?",
fragt er schlaftrunken.
„Du musst zur Arbeit",
sagt Mama leise.
„Ach ja!", ruft Paul
und ist sofort hellwach.
Er springt in seine Kleider
und schlingt
das Frühstück hinunter.

Mama sieht ihn prüfend an.
„Willst du das wirklich tun?"
„Na klar!", antwortet Paul.
„Und Papa muss für mich
zur Schule gehen!"
Bevor Mama
noch etwas sagen kann,
nimmt Paul sein Pausenbrot
und zieht die Tür hinter sich zu.

Auf dem Weg zur Bushaltestelle
malt Paul sich aus,
was sie in der Schule
wohl sagen werden,
wenn Papa dort auftaucht.
Und wie wird sich Papa
wohl anstellen?
Hoffentlich macht er
im Unterricht
nicht so viel Blödsinn!

Herr Kaiser, der Mathelehrer,
versteht nämlich
überhaupt keinen Spaß.
Ganz im Gegensatz
zu Frau Breitkopf.
Pauls Deutschlehrerin
lacht ständig.
Leider immer nur
über ihre eigenen Witze.

Und das auch noch
besonders schrill und laut!
Aber auf dem Pausenhof, da –
oh Gott!!!
Paul bleibt erschrocken stehen.
Ihm ist etwas eingefallen.
Etwas, wovor er Papa
unbedingt warnen muss!

Doch jetzt ist es zu spät,
um noch einmal
nach Hause zu laufen.
Da vorn kommt schon der Bus!
Paul muss sich beeilen,
damit er ihn noch erwischt.
Puh! Das war knapp!
Paul steigt ein
und setzt sich
in die erste Reihe,
direkt ans Fenster.

Doch er schaut nicht hinaus.
Paul grübelt darüber nach,
wie er Papa
in der Schule erreichen kann.

Handys sind in der Schule
leider verboten.
Aber vielleicht
weiß Papa das ja nicht.
Egal! Paul muss
jedenfalls versuchen,
ihn rechtzeitig zu warnen!

Feuerwehrmann Paul

Die Feuerwehrleute
wundern sich überhaupt nicht,
als Paul
pünktlich zum Dienstbeginn
in der Feuerwache erscheint.
Wahrscheinlich hat Papa
gestern Abend noch
mit seinen Kollegen telefoniert
und ihnen alles erklärt.
Sogar eine Feuerwehruniform
liegt schon für Paul bereit.
Paul zieht sich sofort um.
Die Uniform passt
wie angegossen!

Nur der Helm
ist ein bisschen zu groß.
Wenn Paul nicht aufpasst,
rutscht er ihm über die Ohren.
Aber Paul hält ihn gut fest,
während er von Erwin
in der Feuerwache
herumgeführt wird
und alles erklärt bekommt.

Erwin fährt den Einsatzwagen
und ist außerdem
Papas bester Freund.
Paul hört genau zu,
was Erwin erzählt,
obwohl er das meiste
bereits weiß.
Schließlich hat er Papa
schon ein paarmal
bei der Arbeit besucht.

In der Funkzentrale
sieht Paul ein Telefon.
Sofort fällt ihm wieder ein,
dass er unbedingt
Papa anrufen muss!
Er will gerade fragen,
ob er mal telefonieren darf,
als die Sirene losheult!
Sie ist so laut, dass Paul sich
die Ohren zuhält.

„Alarm! Alarm!", schreit Erwin.
Er läuft zum Bereitschaftsraum,
springt in die Uniform
und rennt
zu seinem Einsatzwagen.
Paul bleibt ihm dicht
auf den Fersen.
„Los, steig ein!", ruft Erwin.
Paul setzt sich
auf einen freien Platz in der
hintersten Sitzbank.

„Wo brennt es denn?",
fragt er aufgeregt.
„Nirgends", antwortet Erwin
und lauscht in sein Funkgerät.
„Wir müssen ein Tier befreien,
das sich auf einem Balkon
in einem Netz verfangen hat."
Als alle Feuerwehrleute
im Wagen sitzen,
fährt Erwin los.

Der Einsatzort
liegt in einem Wohnviertel.
Die Feuerwehrleute
werden bereits erwartet.
Ein Mann zeigt auf einen Balkon,
ganz oben, direkt unterm Dach.
„Die Leute haben ein Netz
über ihren Balkon gespannt",
erklärt er.
„Um die Blumen
vor Vögeln zu schützen.
Jetzt hat sich in dem Netz
eine Taube verfangen.
Sie schafft es aber nicht,
sich selbst zu befreien,
und die Leute sind im Urlaub.
Bitte, helfen Sie dem Tier!"

„Alles klar", sagt Erwin.
„Die Feuerwehr
rettet eine Taube?",
wundert sich Paul.

„Wir retten jedes Lebewesen",
sagt Erwin und gibt den Befehl,
die große Leiter auszufahren.
„Willst du hinaufklettern?",
fragt er.
Paul schaut zum Himmel.
Der vierte Stock
ist ziemlich hoch.

Paul wird ganz schön mulmig.
„N-N-Nein, lieber nicht",
sagt er und beobachtet,
wie eine junge Feuerwehrfrau
schnell und sicher
die lange Leiter hochsteigt.
Ein bisschen peinlich
ist es Paul schon,
dass er sich nicht getraut hat.
„Die hat's ja auch gelernt",
murmelt er vor sich hin.

„Mach dir keine Gedanken!",
meint Erwin.
„Ich hätte dich sowieso nicht
auf die Leiter gelassen.
Das ist viel zu gefährlich!"
Plötzlich ertönt Applaus.
Die Anwohner bejubeln
die Feuerwehrfrau.
Sie hat den Vogel befreit
und steigt zusammen mit ihm
wieder sicher nach unten.

„Was passiert jetzt
mit der Taube?",
fragt Paul und betrachtet
das erschöpfte Tier.
„Wir bringen sie ins Tierheim",
erklärt Erwin.
„Dort wird sie
gründlich untersucht.
Und wenn ihr nichts fehlt,
lässt der Tierarzt sie
wieder frei."

Voll im Einsatz

Paul fährt
mit den Feuerwehrleuten
zur Wache zurück.
„Na, wie fandest du
deinen ersten Einsatz?",
fragt Erwin, als alle wieder
im Aufenthaltsraum sitzen.
„Superspannend", sagt Paul.
„Aber jetzt muss ich …"
„Erst einmal frühstücken",
unterbricht ihn Erwin.
„Wer hart arbeitet,
muss auch was essen."
„Okay." Paul nickt.

Er hat wirklich Hunger.
Papa kann er ja
auch später noch anrufen.
Doch daraus wird nichts.
Paul hat gerade erst einmal
von seinem Brot abgebissen,
da ertönt schon wieder
der Alarm.

„Ein Wasserrohrbruch!",
ruft jemand
aus der Funkzentrale.
„Der Keller
ist schon vollgelaufen."
Die Feuerwehrleute
lassen alles stehen und liegen
und rutschen
an den Stangen hinunter.

Direkt in die Halle
mit den Einsatzwagen!
Diesmal liegt der Einsatzort
in einem alten Dorf
außerhalb der Stadt.
Hier war Paul noch nie!
Während die Feuerwehrleute
in den Keller vordringen
und das Wasser abpumpen,
schaut er sich neugierig um.

Die kleinen,
windschiefen Häuser
sehen ganz anders aus
als die riesigen Wohnblocks
in der Stadt.
Und auch sonst ist nichts so
wie in Pauls Siedlung.
Vor einem der Häuser
sitzt eine alte Frau
auf der Bank.

Auf ihrem Schoß
liegt ein junges Kätzchen,
das sich geduldig
streicheln lässt.
Doch plötzlich
schreckt die kleine Katze auf.
Mit einem Satz springt sie
hinunter und schleicht
auf einen Baum zu.

Paul lässt seinen Blick
den Stamm hinaufwandern.
Ganz oben, in der Krone,
kann er ein Vogelnest erkennen.
Das Kätzchen
hat es auch entdeckt!
„Nein, Cilly, nicht",
sagt die alte Frau besorgt.
„Das Nest ist doch leer."

Aber die kleine Katze
hört nicht auf sie.
Schnell klettert sie
den Baumstamm hoch.

„Hilfe!", ruft die alte Frau.
Paul wundert sich.
„Warum schreien Sie denn?",
fragt er hinüber.
„Katzen können doch klettern."
„Aber nicht meine",
sagt die Frau.

„Cilly ist dafür
noch viel zu klein!"
Sekunden später
fängt die Katze auch schon an
zu miauen.
Kläglich hört sich das an,
fast ängstlich.
Kein Wunder!

In zwei Metern Höhe
klammert sich Cilly
an einen dünnen Ast

und traut sich weder vor
noch zurück.
Das arme Kätzchen!
Paul sieht sich um,
doch die Feuerwehrleute
haben genug damit zu tun,
den Keller leer zu pumpen.

Also muss er die Katze retten.
Aber wie, ganz ohne Leiter?
Plötzlich hat er eine Idee!
Vom Nachbargrundstück
holt Paul ein langes Brett.
Das ist ganz schön schwer!
Er stellt es schräg
gegen den Baum,
sodass die Katze
es erreichen kann.

Zuerst schnuppert sie nur,
doch dann streckt die Katze
vorsichtig eine Pfote aus.
Sie setzt sie aufs Brett,
lässt die zweite Pfote folgen,
dann die beiden Hinterpfoten.
Geschafft!
Die Katze stolziert
die Schräge hinab,
überquert den Hof
und springt auf die Bank.

Seelenruhig lässt sie sich
neben der alten Frau nieder,
als wäre gar nichts passiert.
„Das hast du toll gemacht!",
lobt Erwin,
der Pauls Rettungseinsatz
beobachtet hat,
und Paul strahlt
bis über beide Ohren.

Alarm in der Goetheallee!

Kaum haben die Feuerwehrleute
ihre Arbeit im Keller beendet,
ertönt schon wieder
Erwins Funkgerät.
„Wir müssen los!", ruft er.
„Wieder ein Tier?", fragt Paul.
„Nein, diesmal brennt es",
sagt Erwin.
„In der Goetheallee 12."
Paul stutzt.
Die Adresse kennt er doch!
Aber woher?
Wenige Minuten später
weiß er es.

Goetheallee 12 –
das ist die Anschrift
seiner Schule!
Im selben Moment fällt ihm ein,
dass er doch Papa anrufen wollte.
Aber dafür ist es jetzt zu spät.
„Ich sehe gar keinen Rauch",
sagt Erwin.

„Kein Wunder", meint Paul.
„Ich wollte Papa schon
die ganze Zeit anrufen
und ihm sagen,
dass heute in der Schule
eine Brandschutzübung
stattfindet.
Er muss die Sirene für einen
echten Alarm gehalten haben."

Tatsächlich steht Papa
mitten auf dem Schulhof,
umringt von allen Kindern,
und muss sich eine Strafpredigt
von Herrn Kaiser anhören.
Weil er bei einer Übung
die Feuerwehr gerufen hat.

Herr Kaiser versteht wirklich
überhaupt keinen Spaß!
Am Abend sitzt Papa
ganz kleinlaut zu Hause
und erzählt Paul
von seinem Schultag.
„Einen Eintrag ins Klassenbuch
habe ich auch bekommen",
gesteht er.

„Weil ich Frau Breitkopfs Witze
nicht lustig fand.
Wie kann ich das alles
nur wieder gutmachen?"
„Da fällt mir schon was ein",
sagt Paul und grinst.
Er läuft in sein Zimmer
und kommt wenig später
mit dem Modellbaukasten zurück.

„Hilfst du mir?"
„Na klar", sagt Papa.
„Und ab sofort rufe ich an,
wenn ich abends später komme."
„Ach, das kann doch
jeder mal vergessen",
beruhigt ihn Paul.
„Mach dir deswegen
bloß keinen Stress!"

Ulli Schubert wurde 1958 in Hamburg geboren und lebt immer noch sehr gern dort. Er arbeitete als Erzieher und als Sportreporter und schreibt seit 1991 Bücher für Kinder und Jugendliche. Als Kind mochte er vor allem Fußballbücher und Krimis, die er mit der Taschenlampe unter der Bettdecke verschlang. Sein Lieblingshobby aber war Fußballspielen. Das hat sich bis heute kaum geändert. Fußball liebt er immer noch, vor allem den FC St. Pauli.

Mehr über Ulli Schubert erfährst du unter:
www.ulli-schubert.de

Julia Ginsbach wurde 1967 in Darmstadt geboren. Nach ihrer Schulzeit studierte sie in Heidelberg und Frankfurt Musik, Kunst und Germanistik.
Heute lebt sie mit ihrer Familie, jeder Menge Tiere, Pinseln, Farben, Papier und ihrer Geige in einem alten Haus in Norddeutschland und arbeitet als freie Illustratorin.

Die 3. Stufe der Loewe Leseleiter

In der Reihe Lesefant sorgt eine sympathische Identifikationsfigur in einer durchgehenden Geschichte für spannenden Lesestoff. Die einfache Textgliederung in Sinnzeilen und die vielen farbigen Illustrationen stellen sicher, dass die Leseanfänger nicht überfordert werden, aber dennoch ihre Lesefertigkeit trainieren und verbessern können.